AF143269

Évelyne Charasse & Pierre Léoutre

Je veux

Donne-moi
Ta main
Pleine
De soleil
Il y a
Toujours
Un demain
Pour l'amour

Cette religieuse
Est trop vilaine
Elle a le goût du café
Et moi et moi
Je n'aime que le chocolat
Quelle malchance
Alors je vais changer
De boulangerie

Des enfants
Crient
Au jardin
Des chocolats
Des œufs colorés
Tombés
Du ciel
Dans leurs paniers
Encore
Encore

Le désir
Du grand Vizir
Faisait plaisir
Mais faisait rougir
La courtisane à conquérir

La gourmande
Suce
Ses doigts
Du soleil
Plein
Les yeux
La gourmande
Croque
La vie

Le grand méchant loup
sort du bois
et s'en va vers le village
affamé et glouton
Il rêve d'un petit chaperon
rouge ou blanc
à croquer illico

C'est facile
De vivre
Dit la petite
Fleur
Entre deux pavés
Il suffit
De viser
Le ciel

Je pose mes lèvres
Sur sa menue main tendue
Elle a la peau douce
Et elle rougit
Et mon cœur bat si fort
Que je décide
De poser un baiser
Sur sa bouche

Mon désir
De toi
Oscille
Entre
Toujours
Et tout le temps

La nuit tombe
Et mon désir ne faiblit pas
Elle danse dans ma tête
Elle n'est pas là
Et pourtant je la vois

Dans la nuit
Noire
Dansent
Des étoiles
Brillantes
Comme
Des diamants
Je m'en fais
Des colliers

Là je suis las
Sans désir et sans flamme
je hante mes rêves dévastés
Je pourrais hurler à la lune
Mais même elle s'est cachée
Me laissant seul
Dans des ténèbres glacées
Sans force et sans espoir

Mon cœur

Tourne

Comme

Un manège

Le printemps

Des amants

Fait naître

Des baisers-fleurs

Mon cœur

Tourne

Comme

Un manège

Un vent léger
Dans les branches des arbres
Un papillon blanc et virevoltant
Un pommier en fleurs
Quelques nuages blancs
Dans un ciel tout bleu
Et moi je t'attends

Au jardin
On sait tout
Les merles
Sifflent
Soupçonneux
Leurs regards
Traversant
Mon âme
Fébrile

Calme plat
Raplapla
Un dimanche
En silence
Un ciel gris
Jésus-Christ
Pour les cathos
Et un appeau
Pour mes oiseaux
Je ris tout seul
Sous mon tilleul
Et je me moque
De ce jour équivoque

Dimanche
À la campagne
Dans le lointain
On entend
Une cloche
Un chien
Aboie
Des fleurs
Lèvent
Leur visage
Au soleil
Et moi
J'attends

Elle attend
longtemps
dans son fauteuil en cuir
Elle attend
patiemment
le retour du printemps ?
Elle attend
Je ne sais quoi
Elle attend
En chantonnant
Elle attend
Le prince charmant ?
Personne en fait
Ne sait vraiment
Ce qu'elle attend

Je veux
Je veux
Je veux
Dit la capricieuse
Le ciel
En bouteille
Et puis aussi
L'océan
Docile
Comme
Un enfant
Je veux
Je veux
Je veux
L'extraordinaire

Le silence du matin
Me fait le plus grand bien
Moins lourd que celui de la nuit
Il m'éveille doucement
Aux joies du jour qui vient
Mon corps se déploie peu à peu
Mes idées et mes envies s'éveillent
Et attendent que mon énergie
leur donne vie et vérité

J'ouvre
Mes volets
Sur le jour naissant
Il n'est que promesses
Et ronronnements
Qu'il pleuve
Ou qu'un soleil radieux
L'inonde
Il s'offre toujours
Au monde

Alors que le soir nous couve
De son manteau apaisant
Je reviens à pas lents
Vers ma grande maison
Vide et chaleureuse
Le chat joyeux m'accueille
Tout comme mon univers livresque
Mes murs abritent
des millions de mots
Qui me racontent infiniment
Émotions, tristesses, joies
et aventures
Mes quelques tout petits mots à moi
ne sont qu'une minuscule
goutte d'eau
dans cet océan cabalistique
Que je livre avec parcimonie
À une dame lointaine

Le soir descend
Et avec lui
Une longue voile
Bleue-nuit
Des lumières
S'allument
Aux fenêtres
Les rêves
Peuvent
Commencer

Le vent froid hurle tout doucement
Et la terre s'assèche
Les feuilles des arbres pendent
Un peu trop tristes
Elles ont besoin d'eau
Je les entends
et promets de m'en occuper
Dès le lendemain
En attendant, je remonte
Le col de mon grand manteau bleu
La couleur de ma jolie planète
Et la brise glacée du soir
Ne peut plus m'atteindre

Puis
Au matin
Quand
Les ombres regagnent
Leur tanière
On se laisse
Entraîner
Dans le bleu
Du jour

Moi je n'aime que la nuit
Quand tous les chats sont gris
Et la femme câline
Et même si j'abuse
En révélant cette préférence
J'assume mon envie
Avec un rire joyeux

Évelyne Charasse

Partir

Partir
Partir
Au-delà
Des murs
Briser
Les fenêtres

Des vols ailés
Passent
Et repassent
Ballets
Désordonnés
Qui bousculent
Le bleu

Envie
De fracas
De brisures
Envie
De cassures
De renouveau

.

Puis
Sans bruit
Dans un froissement
D'ailes
Tomberont
Nos peurs
Pour demain

Rien
Le fait
De dire non
Avec son cœur
C'est suffisant ?
Rien
Tenir tête
Au courant
Aux passants
Rien
Qu'un petit rien
Dans l'engrenage

Chaque matin
Quand l'aube
Déchire
La nuit
Tu t'obstines
À tout repeindre
En bleu

Tu t'appuies
Sur l'ombre
Du vent
Pour t'élancer
Au-delà
De l'horizon

Tu suis la course
Des nuages
Dans l'œil
Du cyclone

Moi
Je veux
Aimer en bleu
En bleu
Et contre tous
Sans rime
Ni saison
Sans anneau
Ni faucille
Je veux
Aimer en bleu
Tant pis
Si ça fait mal
Si c'est bancal

Comment
Réveiller
La lumière ?
Ce n'est pas
De froid
Que je tremble

Je lis
Ta promesse
Dans l'étourdissant
Infini

Faim
D'aubes flamboyantes
Faim
De regards de feu
Faim
De baisers fous

Cette certitude
Que demain
Sera
Ne faiblit pas

Échapper
Au morose
Affronter
Le regard dur
Du silence
Sans crainte
Laisser
Le bleu
Porter
Le fardeau
Des heures
Ne pas
Lui en vouloir
Étreindre
Son secret

J'entends
À chacun
De mes pas
Le battement
De ton cœur
Qui m'appelle

On ne peut pas
S'échapper
Le ciel
Nous retrouve
Toujours

En apnée
Au fond
De mon âme
Je ne vois
Que ton visage

Que l'horizon
Se plie
À nos désirs

La petite
Musique
De ton chant
Rythme
Mes jours

Le musée Charles Baudelaire à Lectoure

Charles Baudelaire est passé par Lectoure pendant l'été 1838, alors qu'il avait rejoint ses parents car son beau-père faisait une cure thermale à Barèges. Il était lycéen à Paris, en première, au lycée Louis Le Grand. Il avait fait ce voyage seul : « Me voilà obligé de faire l'homme, de me surveiller, de monter les côtes, me promener à Toulouse » (*). Dans une lettre écrite le 23 octobre 1838, il raconte avoir également découvert, lors du voyage du retour vers Paris avec ses parents, Tarbes, Auch, Agen, Bordeaux, etc. Ce voyage lui inspira un poème, probablement à partir du lac d'Escoubous, au-dessus de Barèges :

Incompatibilité

Tout là-haut, tout là-haut, loin de la route sûre,
Des fermes, des vallons, par-delà les coteaux,
Par-delà les forêts, les tapis de verdure,
Loin des derniers gazons foulés par les troupeaux,

51

On rencontre un lac sombre encaissé dans
l'abîme
Que forment quelques pics désolés et
neigeux ;
L'eau, nuit et jour, y dort dans un repos
sublime,
Et n'interrompt jamais son silence orageux.

Dans ce morne désert, à l'oreille incertaine
Arrivent par moments des bruits faibles et
longs,
Et des échos plus morts que la cloche
lointaine
D'une vache qui paît aux penchants des
vallons.

Sur ces monts où le vent efface tout vestige,
Ces glaciers pailletés qu'allume le soleil,
Sur ces rochers altiers où guette le vertige,
Dans ce lac où le soir mire son teint vermeil,

Sous mes pieds, sur ma tête et partout, le
silence,
Le silence qui fait qu'on voudrait se sauver,
Le silence éternel et la montagne immense,
Car l'air est immobile et tout semble rêver.
On dirait que le ciel, en cette solitude,

Se contemple dans l'onde, et que ces monts, là-bas,
Écoutent, recueillis, dans leur grave attitude,
Un mystère divin que l'homme n'entend pas.

Et lorsque par hasard une nuée errante
Assombrit dans son vol le lac silencieux,
On croirait voir la robe ou l'ombre transparente
D'un esprit qui voyage et passe dans les cieux.

Avec deux amis, j'ai créé à Lectoure un petit musée consacré à Charles Baudelaire. Modeste hommage à l'immense poète qui accompagna mon existence.

Pierre Léoutre

(*) : Claude Pichois & Jean Ziegler, « Charles Baudelaire », Fayard, nouvelle édition, 2005, p. 132.

Éditeur :

Books on Demand GmbH,

12/14 rond-point des Champs Élysées,

75008 Paris, France

Impression :

Books on Demand GmbH, Norderstedt, Allemagne

N° ISBN : 9782322219513

Dépôt légal : avril 2021

www.bod.fr

Photographie de couverture :

Avec le soutien de Dialoguer en poésie,
département autonome
de l'association Le 122